Ein hakenförmiger Schnabel

Der Schnabel des Steinadlers ist wie bei allen Greifvögeln spitz und gekrümmt. Er kann bis zu 5 cm lang sein. Der scharfkantige Oberschnabel greift hakenförmig über den Unterschnabel, der kurz, gerade und becherförmig ist. Der Schnabelansatz ist mit der Wachshaut bedeckt, in der auch die Nasenöffnungen liegen. Mit ihrem Schnabel zerren die Greifvögel an ihrer Beute, zerstückeln das Fleisch und reißen Stücke heraus.

Wachs-haut

Nasen-loch

Das Gefieder braucht der Adler nicht nur zum Fliegen, er reguliert damit auch seine Körpertemperatur. Die Beine sind bis zur Fußwurzel mit Federn bedeckt. Diese Beinkleider aus Federn nennt man Hosen. Der Vogel pflegt sein Gefieder sorgfältig und glättet es mit dem Schnabel.

Scharfe Klauen

Der Steinadler ergreift, hält und tötet seine Beutetiere mit den Fängen; so nennt man die Füße mit den scharfen Klauen. An den Fängen hat er drei nach vorn gerichtete Zehen, die beweglich und mit langen Krallen bewehrt sind. Auch an der Hinterzehe sitzt eine kräftige Kralle, die gekrümmt und sehr scharf ist. Sie dringt wie ein Dolch in das Fleisch der Beute ein. An der Unterseite der Fänge sitzen raue Kissen, mit deren Hilfe das Beutetier um-klammert und festgehalten wird.

7

Flugtechniken

Zum Fliegen muss ein Vogel vor allem leicht sein. Der Steinadler trinkt daher wie alle anderen Greifvögel sehr wenig und nimmt nur kleine Mengen nährstoffreicher Nahrung zu sich, die er rasch verdaut. Von aufsteigenden Warmluftströmen lässt der Adler sich in die Höhe tragen. Im Gleitflug kreist er in Spiralen nach oben. Dabei achtet er darauf, dass er die aufsteigenden Luftströme nicht verlässt. Seine Schwingen sind weit gespreizt. Mit dem Schwanz kann er seine Flugbahn korrigieren.

Die Federn an Brust und Seite schützen den Körper.

*Beim **Ruderflug** schlägt der Vogel in kräftigen und ausholenden Bewegungen mit den Flügeln. Das ist sehr kräftezehrend.*

Die Jagd

Wenn der Steinadler auf die Jagd geht, steigt er mit ausgebreiteten Flügeln mit den aufsteigenden Luftströmen in große Höhe auf. Hat er eine Beute erspäht, gleitet er in einem langen Sinkflug tiefer. Dann stößt er plötzlich mit 100 bis 200 km/h auf sein Opfer herab. Kurz vor der Landung zieht der Adler seine Beine nach vorn und bremst mit den Flügeln ab. Häufig wird das Beutetier schon beim Aufprall getötet. Falls nicht, umklammert der Vogel es mit seinen Fängen und stößt mit dem Schnabel auf das Tier ein. Während der Aufzucht der Jungen geht das Männchen häufiger auf die Jagd und bringt seinem Weibchen und den Jungen die Beute.

Mit nach vorn gerichteten Fängen stürzt sich der Adler auf die Beute.

Steinadler

Andenkondor

Schnee-Eule und ihre Jungen

Baumfalke

Steinadlerjunges

Steinadler im Flug

Waldohreule

junger Adler

Wanderfalke
einer Falknerei
mit Kappe

Waldkauz

Sperber

WISSEN MIT PFIFF
GREIFVÖGEL
WAS KINDER ERFAHREN UND VERSTEHEN WOLLEN

Konzeption:
Emilie Beaumont

Text:
Sabine Boccador

Illustrationen:
Marie-Christine Lemayeur
Bernard Alunni

Aus dem Französischen von
Regina Enderle

FLEURUS

DER STEINADLER

Greifvögel kann man an dem typischen hakenförmigen Schnabel, den kräftigen Beinen und den scharfen, gekrümmten Klauen erkennen. Sie sind tagaktiv, das heißt, sie erjagen ihre Beute bei Tag. Der Steinadler ist ein großer Greifvogel mit majestätischem Aussehen. Er fliegt wendig und elegant und gilt als König der Lüfte. Sein Kopf ist rotbraun, das restliche Gefieder dunkel. Wie alle Greifvögel verfügt er über ein sehr gutes Sehvermögen. Der Steinadler lebt im Hochgebirge im Norden, Osten und Süden Europas. Er ist jedoch auch in Nordamerika und in weiten Teilen Asiens verbreitet.

Körperbau

Der Steinadler ist ein großer Vogel, der zwischen 90 und 95 cm lang ist und ein Gewicht von 3 bis 6,5 kg hat. Nicht selten hat ein Steinadler mit ausgebreiteten Schwingen eine Spannweite von über 2 m. Er besitzt zudem eine sehr kräftige Muskulatur; sie macht die Hälfte seines Gewichts aus. Die zum Fliegen wichtigen Brustmuskeln sind am stärksten entwickelt, doch auch die Muskeln in den Füßen sind sehr ausgeprägt.

Große Augen

Die Augen des Adlers sind größer als die des Menschen und sitzen seitlich am Kopf. Jedes Auge besitzt ein zweites Augenlid, das höher entwickelt ist als bei anderen Vögeln. Ein drittes Lid namens Nickhaut reinigt und befeuchtet das Auge. Die stark hervortretende „Augenbraue" schützt das Auge vor der Sonne und verleiht dem Steinadler ein stolzes Aussehen. Die Iris ist gelb oder hellbraun.

Sehen, Hören, Riechen

Greifvögel besitzen das am besten entwickelte Sehvermögen der gesamten Tierwelt. Der Adler kann wie der Mensch Farben erkennen, sein Sehfeld ist jedoch doppelt so groß. Er erspäht ein Murmeltier aus 1 km Entfernung. Ein Mensch braucht dafür ein sehr gutes Fernglas.

Beim Steinadler sind die „Ohren" unter den Federn versteckt. Greifvögel hören gut, doch ihr Gehör ist bei weitem nicht so gut wie ihr Sehvermögen. Der Geruchssinn ist nur recht schwach entwickelt.

Jede Feder hat ihre Aufgabe

Die Schwanzfedern sind leicht gerundet und dienen der Steuerung während des Fluges. Die Schwungfedern an den Flügeln sorgen für Vortrieb, kontrollieren den Flug und beeinflussen den Luftstrom.

*Wenn er eine ausreichende Höhe erreicht hat, kann der Adler im **Gleitflug** ohne jeden Flügelschlag in gerader Linie fliegen. Diese Flugart kostet ihn keinerlei Kraft und der Greifvogel kann so mehrere Dutzend Kilometer zurücklegen.*

*Beim **Sturzflug** liegen die Flügel eng am Körper an. Der Vogel stößt fast senkrecht herab. Das ist nur in freiem Gelände möglich. Der Adler muss schnell und kraftvoll abbremsen können.*

Eine abwechslungsreiche Ernährung

Der Steinadler macht Jagd auf die verschiedensten Beutetiere: Feldmäuse, Maulwürfe, Rehkitze, Fuchswelpen, junge Dachse und Luchse, Eichhörnchen, Hasen, Wildkaninchen und Schildkröten. Der Steinadler frisst nicht besonders viel und so kommt es vor, dass er nach einer reichen Mahlzeit eine Woche lang fastet. Große Säugetiere kann er nicht erlegen, doch bei großem Hunger frisst er manchmal auch Aas. In seinen Fängen kann er Beutetiere von bis zu 4 bis 5 kg tragen.

Die Gewölle

Die Nahrung wird mit Magensäften zersetzt, doch Federn, Haare oder Schuppen werden nicht verdaut. Sie werden einige Stunden nach der Mahlzeit in Form von Speiballen über den Schnabel ausgespien. Ein Adler spuckt in der Regel ein oder zwei Gewölle am Tag aus. Anhand der Gewölle kann man erkennen, was der Greifvogel gefressen hat.

PAARUNGS- UND BRUTZEIT

Ein Adler kann sich im Alter von vier oder fünf Jahren erstmals fortpflanzen. Während der Paarungszeit kann man ihn am leichtesten beobachten. In dieser Zeit finden ausgelassene Balzflüge statt und es wird ein Horst für den Nachwuchs gebaut. Nach dem Schlüpfen überlebt in der Regel nur eines von zwei Adlerjungen. Es bleibt bis zur nächsten Paarungszeit im Revier der Eltern. Das Weibchen ist größer als das Männchen. Es wiegt ungefähr 6 kg und ist damit 2 kg schwerer als sein Partner.

Die Balzflüge

Steinadler sind ausgesprochen treue Vögel: Männchen und Weibchen bilden ein Paar, das ein Leben lang zusammenbleibt. Jedes Paar besitzt ein Revier, dessen Größe (40 bis 160 km²) vom Nahrungsvorkommen abhängt.

Männchen

Die Balzflüge verstärken die Bindung zwischen den Partnern und gehen der Paarung voraus. Sie sollen jedoch auch Eindringlinge fernhalten.

Weibchen

Die Brutzeit

Zwischen März und April legt das Weibchen im Abstand von drei oder vier Tagen in der Regel zwei Eier. Die Eier sind doppelt so groß wie ein Hühnerei. Sie werden 43 bis 45 Tage lang ausgebrütet. Das Brüten ist Aufgabe des Weibchens. In der Brutzeit verliert es die Federn am Bauch, sodass die Haut direkt auf den Eiern aufliegt.

Das Schlüpfen

Gegen Ende Mai schlüpfen die Küken im Abstand von einigen Tagen aus den Eiern. Zu Beginn sind sie mit einem weißen Flaum bedeckt. Die Jungen sind noch sehr ungeschickt und können sich nicht allein fortbewegen oder ernähren. Im ersten Lebensmonat bleibt die Mutter ständig bei ihnen und füttert sie mit kleinen Häppchen Fleisch. Das Fleisch reißt sie aus den Beutetieren, die das Männchen ihr bringt.

Der Tagesablauf des Männchens

Wenn das Männchen nicht auf der Jagd ist oder sein Revier überwacht, ruht es sich häufig und lange aus. Es löst das Weibchen einmal am Tag am Horst ab, damit es sich sein Fressen erjagen kann.

Im Winter macht das Männchen dem Weibchen den Hof und vollführt beeindruckende Balzflüge. So fliegt das Paar im Sturzflug nach unten, wobei der unten fliegende Partner – in der Regel das Weibchen – sich auf den Rücken dreht und seine Fänge dem Partner entgegenstreckt. Ein anderes Mal fliegt das Männchen Kapriolen vollführend auf und ab.

Der Adlerhorst

Ein Steinadlerpaar hat in der Regel zwei bis sieben Nester, die man Horste nennt. Sie liegen an verschiedenen Stellen im Revier. Jedes Jahr wählt das Paar einen Horst aus, in den das Weibchen seine Eier legt. Häufig liegt der Horst unter einem Überhang, wo er vor Sonne und Regen geschützt ist, oder auf einem Felsvorsprung in einer Felswand, in Höhen von 250 bis 2000 m. Baumhorste sind eher selten.

Das Weibchen dreht sich und streckt dem Männchen seine Fänge entgegen.

Anschließend dreht es sich wieder und fliegt normal weiter.

Ein neu erbauter Horst besteht aus Zweigen, Rinde und trockenen Ästen. Er ist 30 bis 40 cm dick und hat einen Durchmesser von 1 m. Im Laufe der Jahre kann ein Horst jedoch bis zu 2 m hoch und ebenso breit werden, denn jedes Jahr polstern und verstärken die Steinadler den benutzten Horst und bauen ihn aus.

DIE ADLER-JUNGEN

Das jüngere der beiden Adlerjungen hat es nicht leicht, vor allem wenn die Nahrung knapp ist. Die Mutter zieht das ältere Junge immer vor und füttert es, bis es satt ist. Das Kleine erhält nur die Reste. Außerdem setzt das ältere Junge alles daran, das jüngere zu schwächen, verhungern zu lassen oder aus dem Nest zu werfen. Die Mutter greift nie ein. Ihr vorrangiges Ziel ist es, trotz aller Gefahren mindestens eines ihrer Jungen durchzubringen. Umso besser, wenn beide Junge überleben!

Wachsame Eltern

In den ersten zweieinhalb Lebensmonaten, bevor die Jungen flügge werden, wachen die Eltern sorgfältig über ihren Nachwuchs. Das Weibchen verlässt den Horst nie, denn die Adlerjungen könnten von Raben geholt werden. Es schützt sie auch vor Hitze und Sonne, indem es seine Flügel über die Jungen breitet.

Flügge werden

Zwei Wochen vor dem ersten Ausfliegen sind die Adlerjungen fast ausgewachsen. Die Eltern bleiben dem Horst nun immer längere Zeit fern und bringen ihnen seltener Nahrung. In der letzten Woche vor dem ersten Flug kommen sie gar nicht mehr. Sie überwachen den Horst aus der Ferne. Die Jungen bereiten sich mit Flugübungen auf das Ausfliegen vor. Sie schlagen heftig mit den Flügeln und kräftigen dadurch ihre Muskeln. Durch die Übungen verlieren sie an Gewicht, was das Fliegen später erleichtert.

Im Alter von fünf Wochen bekommen die Jungen ein braunes Gefieder. Ihre Fänge sind schon recht groß und kräftig. Die Jungvögel lernen nun, selbst Fleischstücke aus den Beutetieren zu reißen, die von den Eltern am Nestrand abgelegt werden.

Das Adlerjunge trainiert seine Muskeln vor dem ersten Flugversuch.

Der Weg in die Unabhängigkeit

Wenn der Hunger den Jungen zu sehr zusetzt, fliegen sie zum ersten Mal vom Horst weg. Das geschieht Ende Juli bis Anfang August. Am Boden gesellen sich ihre Eltern dazu, die ihnen Nahrung bringen. In den ersten Monaten nachdem sie flügge geworden sind, verbessern die Jungen ihre Flugkünste und lernen verschiedene Jagdtechniken. Die Eltern begleiten sie bis Januar. Nun steht die nächste Paarungszeit vor der Tür und es ist Zeit, die Jungen endgültig zu vertreiben. Die Jungvögel müssen sich von nun an allein durchschlagen.

Die Selbstständigkeit

In den ersten Jahren muss der Jungvogel versuchen, ein Revier zu finden. Viele Gefahren lauern auf ihn und nicht selten überlebt der junge Adler das erste Jahr nicht. Ein Steinadler wird durchschnittlich 20 bis 25 Jahre alt. Greifvögel in Gefangenschaft werden wesentlich älter.

Das Gefieder

Das Gefieder der Jungvögel verändert sich in den ersten Jahren immer wieder. Ein junger Vogel ist an den weißen Streifen am Schwanzende und in der Mitte der Flügel zu erkennen. Nach und nach verschwinden die Streifen. Das Gefieder des Steinadlers erhält nach mehrmaligem Mausern (Federwechsel) seine endgültige Farbe. In der Regel ist der Vogel dann vier Jahre alt.

ADLER UND IHRE VERWANDTEN

Seeadler ▶

Der große, majestätische Greifvogel hat einen weißen Kopf und Schwanz, während Schnabel und Füße gelb sind. Er lebt in Mittel- und Nordeuropa und Asien in der Nähe großer Gewässer oder in Wald-Seen-Landschaften. Der Weißkopfseeadler, der Wappenvogel der USA, ist in Nordamerika beheimatet. Der Seeadler ernährt sich von Fischen und Wasservögeln. Er ist bis zu 95 cm lang und kann eine Flügelspannweite von 2,50 m erreichen.

Sperber ▼

Sperber sind in den europäischen Wäldern weitverbreitet. In der Regel lebt der Vogel als Einzelgänger, nur manchmal lebt ein Paar zusammen. Das Männchen ist wesentlich kleiner als das Weibchen. Außerhalb der Paarungszeit hört man diesen Vogel nur selten. Die zahlreichen Sperberarten leben auf mehreren Kontinenten.

Der Sperber nutzt auf der Jagd gerne den Überraschungseffekt. Er fliegt in niedriger Höhe über sein Revier. Dabei versteckt er sich hinter Hindernissen und greift urplötzlich seine Beute an.

Gaukler ▶

Den Gaukler, der in der afrikanischen Savanne lebt, erkennt man leicht an seiner bunten Färbung. Er ernährt sich von kleinen und mittelgroßen Säugetieren, frisst aber überwiegend Aas. Der Vogel kann bis zu 40 Jahre alt werden, ist jedoch erst ab einem Alter von sieben Jahren fortpflanzungsfähig.

▼ Wüstenbussard

Der Wüstenbussard ist in Mittel- und Südamerika sowie im Südwesten der USA zu Hause. Er lebt und jagt im Verband. Auch die Erziehung wird gemeinsam wahrgenommen: Elternpaare werden von den anderen Vögeln stets unterstützt. Manchmal paart sich ein Weibchen mit zwei Partnern. Die beiden Männchen ziehen die Jungen gemeinsam mit dem Weibchen auf.

Die großen ausgebreiteten Schwingen des Seeadlers sind brettförmig.

Wüstenbussarde bauen ihr Nest in den Bäumen in ungefähr 5 m Höhe.

Rotmilan ▶

Der Rotmilan hat ein braunrotes Gefieder. Er ist sehr anpassungsfähig, denn er kann sich von kleinen Säugetieren wie Nagern aber auch von Vögeln und Fischen ernähren. Gelegentlich frisst er Aas. Die Heimat des Milans ist Europa.

GEIER

Es gibt zwei große Familien von Geiern: die Altweltgeier und die Neuweltgeier. Die Altweltgeier sind in Europa, Asien und Afrika beheimatet und nahe mit den Bussarden, Adlern und Habichten verwandt. Die Neuweltgeier wie der Königsgeier, der mächtige Andenkondor und der Kalifornien-Kondor leben in Nord-, Mittel- und Südamerika. Typisch vor allem für die Altweltgeier ist der lange, nur mit einem Flaum bedeckte Hals. Mit ihm kommen sie gut an die Eingeweide der toten Tiere heran, von denen sie sich vorwiegend ernähren.

Schneegeier

Der Schneegeier oder Himalajageier lebt in den Bergregionen des Himalaja und der Mongolei. Er gehört zu den größten Greifvögeln der Welt und ernährt sich von großen Tierkadavern. Er wiegt ungefähr 10 kg und hat Ähnlichkeit mit dem Gänsegeier (siehe S. 18).

Sperbergeier

Der Sperbergeier lebt in den trockenen Savannen Afrikas. Er ist ein geselliger Vogel, der sich meist in großen Ansammlungen um die Kadaver schart. Manchmal teilen sich bis zu 150 Tiere ein Aas. Die erwachsenen Vögel bedienen sich vor den Jungvögeln. Sie stecken ihren langen nackten Hals tief in das Fleisch.

Königsgeier

Der Geier mit dem auffällig gefärbten Kopf lebt in den tropischen Regenwäldern Mittel- und Südamerikas. Der Königsgeier frisst neben Aas auch Fische und Schlangen. An seinem roten Schnabel hat er Schnabelwarzen. Das Weibchen legt in der Regel nur ein Ei, das von beiden Elternteilen ausgebrütet wird.

Bartgeier

Diesen Geier kann man von Südeuropa bis Afrika sowie in Tibet und Indien antreffen. Trotz seines massigen Körperbaus ist er ein gewandter Flugkünstler. Wenn die anderen Geier sämtliche Weichteile eines Tierkadavers gefressen haben, nimmt der Bartgeier die Knochen und lässt sie auf einem Felsen zerschellen. Auf diese Weise kommt er an die nahrhaften Teile der Knochen heran.

Geier sind Aasfresser

Die Geier übernehmen in der Natur die Rolle des Reinigungsdienstes, da sie Aasfresser sind. Sie ernähren sich von Tierkadavern und beseitigen sie auf diese Weise, bevor sie verfaulen und Gifte bilden und damit zu einer Gefahr für die Umwelt werden können.

▲ **Andenkondor**

Wie der Name schon sagt, lebt dieser Kondor in den Anden. Er ist einer der größten flugfähigen Vögel. Er kann eine Flügelspannweite von 3,50 m erreichen und sein Gewicht beträgt zwischen 11 und 15 kg. Die Männchen erkennt man an den hängenden Hautfalten am Kopf und an ihrem Kamm. Das Weibchen legt nur alle zwei Jahre ein Ei. Der Kondor wurde in der frühen Hochkultur der Inka verehrt, doch in Patagonien machte man Jagd auf ihn, da man ihm nachsagte, Kinder zu stehlen.

▲ **Mönchsgeier**

Der mit einer Länge von 1,10 m größte Altweltgeier ist von Mitteleuropa bis Asien verbreitet. Man erkennt ihn an seinem dunklen Gefieder, dem nackten Kopf bei ausgewachsenen Vögeln und an dem schwarzbraunen Schnabel. Er nistet in Baumkronen. Die erwachsenen Tiere sind sesshaft, während die Jungvögel umherziehen. Der Mönchsgeier lebt in der Regel als Einzelgänger oder als Paar. Manchmal schart sich eine Gruppe Mönchsgeier um ein Aas.

▲ **Gänsegeier**

Der bis zu 1,05 m lange Vogel ist in Europa, Afrika und Südasien beheimatet. Gänsegeier leben in Kolonien und halten gemeinsam nach Nahrung Ausschau. Wenn ein Geier ein totes Tier entdeckt, benachrichtigt er die anderen. Das Weibchen legt pro Jahr nur ein Ei.

Kalifornien- ▶
Kondor

Der große, bis zu 1,35 m lange Geier ist leicht an der nackten orangeroten Haut an Hals und Kopf zu erkennen. Sein Federkleid ist schwarz mit einem weißen Band auf der Flügelunterseite. Für diesen Aasfresser gibt es ein Programm zur Wiederansiedelung, da er durch die starke Bejagung und die Zerstörung seines Lebensraums kurz vor dem Aussterben stand. Wie alle Neuweltgeier unterscheidet er sich von den Altweltgeiern durch die Nasenlöcher, die miteinander verbunden sind, und durch die Tatsache, dass er kein Nest baut.

Mit einem Stein schlägt der Schmutzgeier die Schale eines Straußeneis auf, das er besonders gerne frisst.

▼ Schmutzgeier

Der Geier mit dem weißen Federkleid ist der kleinste Geier Europas. Er lebt in Frankreich und Spanien sowie in Nepal und Afrika. Häufig begnügt er sich mit den Resten, die andere Geier hinterlassen.

19

FALKEN

Die Falken gehören zur Familie der Falkenartigen, zu der etwa 60 Arten unterschiedlicher Größe zählen. Falken gibt es auf der ganzen Welt mit Ausnahme der Antarktis. Ihr hellblauer, kurzer Schnabel ist mit dem sogenannten Falkenzahn bewehrt. Er sitzt an dem scharfkantigen Oberschnabel. Mithilfe des Zahns brechen Falken die Halswirbel ihrer Beutetiere, falls diese nicht bereits beim Aufprall durch Schock sterben. Falken bauen keine Nester, sondern legen ihre Eier in verlassene Nester anderer Vögel, in Fels- oder Baumhöhlen oder auf Felsvorsprünge.

Meister der Geschwindigkeit

Falken sind wahre Geschwindigkeitsrekordler. Im Sturzflug können sie 250 km/h und mehr erreichen. Sie sind Jäger und ernähren sich fast ausschließlich von lebender Beute; für Aas interessieren sie sich nicht. Sie ergreifen die Beutetiere mit den Fängen und töten sie mit dem Schnabel, da ihre Fänge zu kurz zum Töten sind.

Bereits im September legt der Baumfalke Tausende von Kilometern zurück und zieht nach Afrika. Im Frühling kehrt er nach Europa und Russland zurück.

Baumfalke ▶

Der Baumfalke ist auf der ganzen Welt verbreitet. Er ist 30 bis 36 cm groß und sehr schnell und flink. Er hat ein schiefergraues Gefieder und eine gestreifte Brust. Der Vogel ernährt sich von Insekten und Kleinvögeln. Während der Paarungszeit macht er recht laut auf sich aufmerksam.

Geierfalken ▼

Die Geierfalken oder Karakaras gehören zur Familie der Falkenartigen, unterscheiden sich jedoch in Aussehen und Verhalten von den anderen Falken. Geierfalken haben recht lange Beine und laufen schneller als sie fliegen. Sie ernähren sich unter anderem von Tierkadavern. Der Falklandkarakara lebt auf den Inseln vor der Südspitze Südamerikas. Er macht Jagd auf Pinguine und frisst auch Weich- und Schalentiere. Geierfalken sind die einzigen Falkenartigen, die ein Nest bauen.

Der Schopfkarakara ist das Wappentier Mexikos. Er lebt überwiegend in Kolonien. Dank seiner langen Beine kann er seine Beute aus niedrigen Gewässern fischen.

◀ Turmfalke

Der etwa 35 cm lange Vogel, der in weiten Teilen der Welt anzutreffen ist, gehört zu den in Europa am weitesten verbreiteten Greifvögeln. Das rostrote Gefieder des Männchens hat schwarze Flecken; Kopf und Schwanz sind grau. Bei Weibchen und Jungvögeln sind Kopf, Rücken und Schwanz rostrot. Der Turmfalke ist für seinen Rüttelflug bekannt. Dabei „steht" er mehrere Minuten lang in der Luft. Es sieht so aus, als hänge er an einem Faden. Er schlägt schnell mit den Flügeln und sein Schwanz ist weit gefächert. Auf diese Weise lauert er seiner Beute auf und stürzt sich dann mit angelegten Flügeln auf sie. Zu seinen Beutetieren zählen kleine Säugetiere, Kleinvögel, Reptilien oder Insekten. Der Turmfalke bevölkert viele große Städte und nistet gerne in Kirchtürmen.

Wanderfalke ▼

Mit einer Länge von 35 bis 51 cm ist der Wanderfalke ein Falke von großem Wuchs. Er hat lange, spitz zulaufende, schiefergraue Flügel. Er ist der schnellste Vogel der Welt und auf fast allen Erdteilen beheimatet. Ein jagender Wanderfalke fliegt zunächst in entgegengesetzter Richtung seiner Beute davon. In einem schwindelerregenden Sturzflug mit Geschwindigkeiten von teilweise über 300 km/h stößt er anschließend auf sein Opfer nieder. Der Wanderfalke ernährt sich fast ausschließlich von anderen Vögeln, wie zum Beispiel Tauben, Stare oder Möwen.

Beim Wanderfalken ist in der Regel das Weibchen für das Brüten zuständig. Das Männchen bringt ihm während der Brutzeit Nahrung und löst es gelegentlich ab. Im Alter von etwas mehr als einem Monat werden die Jungen flügge.

Der Wanderfalke gehörte zu den bedrohten Vogelarten. Der Bestand ging drastisch zurück, da seine Beutetiere sehr giftige Insektizide fraßen und der Mensch ihn stark bejagte und seine Nester plünderte. Zum Glück begann man mit dem Schutz des Vogels und organisierte in vielen Regionen Auswilderungsprogramme.

EULEN

Eulen werden nicht zu den Greifvögeln gerechnet, weisen aber einige Ähnlichkeiten auf. So haben auch sie kräftige Fänge und einen gebogenen Schnabel. Im Gegensatz zu den Greifvögeln werden die meisten Eulen erst am Abend aktiv und sind häufig bis zum Morgengrauen auf der Jagd. Sie haben bei Dunkelheit ein ausgezeichnetes Sehvermögen. Zur Familie der Eulen gehören auch Käuze und Uhus. Uhus und Waldohreulen erkennt man an den auffälligen Federohren. Das sind in Wirklichkeit keine Ohren, sondern verlängerte Kopffedern.

Den Uhu erkennt man leicht an seinem großen Wuchs, den Federohren und den orangefarbenen Augen. Sein Gefieder ist rotbraun mit schwarzen Streifen.

Waldohreule

Sie ist 35 bis 40 cm groß. Ihr Gefieder ist braun gefleckt. Da sie sehr aufrecht und unbeweglich sitzt, kann man sie leicht für ein Stück Holz halten und übersehen. Die Waldohreule ist ein auf kleine Nagetiere spezialisierter Jäger. Sie baut kein eigenes Nest. Das Weibchen legt ihre Eier in das alte Nest einer Krähe, einer Elster oder einer Waldtaube.

Schnee-Eule

Diese große Eule lebt in den Ländern des Nordens. Männchen und Weibchen haben ein unterschiedliches Federkleid. Während das Männchen fast weiß und in der Schneelandschaft bestens getarnt ist, hat das Gefieder des Weibchens viele dunkle Flecken und Streifen. An den befiederten Füßen sitzen starke Krallen. In der Paarungszeit geht der Vogel am Tag und nicht in der Nacht auf die Jagd. Er ernährt sich von kleinen Nagetieren wie Lemmingen. Das Weibchen nistet am Boden in einer kleinen Mulde, die es selbst gräbt und mit Federn und Moos auspolstert.

Uhu

Mit einer Länge von bis zu 67 cm ist der Uhu der größte nachtaktive Jagdvogel. Das Weibchen ist größer als das Männchen. Es hat eine Flügelspannweite von bis zu 1,80 m. Die Eier werden in eine Vertiefung auf einem Felsvorsprung gelegt, die in die Erde gescharrt wurde, oder in Felsnischen. Manchmal werden die Eier auch am Fuß eines Baumes abgelegt.

Der Uhu ernährt sich von Säugetieren, Lurchen, Fischen und Insekten sowie von anderen Vögeln. Er kann Beutetiere bis zur Größe eines Wiesels oder eines Hasen erlegen.

Waldkauz

Der Waldkauz mit seinem runden Kopf, den ausdrucksstarken schwarzen Augen und dem braunroten Gefieder mit den dunklen Streifen ist einer der bekanntesten nachtaktiven Vögel. Sein Ruf, den man fast das ganze Jahr über im Wald hören kann, ist uns vertraut. Das Männchen ruft „Hu-hu-huuh", worauf das Weibchen mit einem höheren „Kuwitt" antwortet. Tatsächlich verfügen ausgewachsene Waldkäuze jedoch über etwa zehn verschiedene Rufe.

Die Schnee-Eule ist der Wappenvogel der Provinz Quebec in Kanada.

DIE SCHLEIEREULE

Die Schleiereule ist kaum länger als 35 cm und kann eine Flügelspannweite von 95 cm erreichen. Der nachtaktive Vogel schreit in grellen Tönen. Er lebt häufig in der Nähe der Menschen, da er in Europa fast immer in alten Gebäuden wie Scheunen, Ställen, Ruinen oder Glockentürmen nistet. Als guter Mäusejäger wird er von den Landwirten geschätzt. Das helle Federkleid und das weiße Gesicht verleihen der Schleiereule ein gespenstisches Aussehen. Im Aberglauben haben die Eulen daher einen festen Platz.

Das hoch entwickelte Gehör ist dem anderer Vögel weit überlegen. Die Schleiereule kann bei völliger Dunkelheit allein mit ihrem Gehör eine Beute orten.

Das Gefieder

Die Schleiereule hat große Augen, die in einem grauweißen, herzförmigen Gesichtsschleier liegen. Der Gesichtsschleier fängt Töne ein, er lenkt die Schallwellen in Richtung ihrer Ohren. Die Oberseite des Körpers ist goldbraun gefiedert, die Unterseite grauweiß. Die Flügel sind mit einem dichten Flaum bedeckt, sodass die Eule nahezu geräuschlos fliegen kann.

Ein nachtaktiver Vogel

Die Schleiereule ist auf allen Erdteilen zu Hause. Wie die anderen nachtaktiven Vögel geht sie in der Dämmerung auf die Jagd und versteckt sich gut getarnt während des Tages.

Sehen bei Nacht

Tageslicht und Autoscheinwerfer können die Eule leicht blenden. Mit ihrem ausgezeichneten Sehvermögen kann sie Entfernungen und Umrisse mit großer Schärfe wahrnehmen, während ihr Farbensehen und das scharfe Sehen in der Nähe eher mittelmäßig sind. Wie bei nachtaktiven Vögeln üblich, kann die Schleiereule in fast alle Richtungen schauen, da sie ihren Kopf ohne jede Körperbewegung um 270° drehen kann.

Nager als Nahrung

Die Schleiereule ernährt sich fast ausschließlich von kleinen Säugetieren wie Nagern, Spitz- und Feldmäusen. In der Regel schlucken Eulen und Uhus ihre Beute in einem Stück hinunter. Sie spucken zwei Gewölle pro Tag aus, eines in der Nacht, das andere am Tag. Die kleinen Speiballen bestehen aus den unverdaulichen Teilen der Beutetiere, zu denen Haare, Federn und Knochen gehören. Wenn man die Gewölle untersucht, kann man genau analysieren, was die Eule gefressen hat.

Die Jungen

Das Nest wird aus Lehm und Stroh gebaut. Das Weibchen legt 4 bis 13 Eier im Abstand von einigen Tagen. Es nistet zweimal im Jahr, im Frühjahr und im Sommer. Das Weibchen brütet die Eier aus, während das Männchen ihm Nahrung bringt. Bei der Geburt wiegen die Jungen ungefähr 15 g. Sie sind mit einem dünnen Flaum bedeckt und ihre Augen sind geschlossen. Das Weibchen beschützt und füttert sie fast einen Monat lang.

Die Jungvögel machen im Alter von zwei Monaten erste Flugversuche und werden einen Monat später unabhängig.

MENSCH UND GREIFVÖGEL

Greifvögel übten auf den Menschen schon immer eine große Faszination aus. In frühen Kulturen waren Greifvögel Sinnbilder für Kraft, Macht und Weisheit. Sie kommen in Mythologien und Religionen vor. Die hohe Kunst der Falknerei wird vom Menschen seit Urzeiten ausgeübt und geschätzt. Zu manchen Zeiten wurden den Greifvögeln auch böse Kräfte nachgesagt: Man unterstellte ihnen, Vieh oder Kinder zu stehlen oder Boten böser Geister zu sein.

Der Gott Horus

Unter Göttern

In vielen Hochkulturen wurden Greifvögel als Gottheiten angesehen oder Göttern als Begleiter zugeordnet. Zeus, der griechische Gott des Himmels und Göttervater, wurde von einem Adler begleitet. Der Adler war das Symbol der Macht. Seine Tochter Athene, die Göttin der Weisheit und der Intelligenz, wurde mit einer Eule in Verbindung gebracht, dem Sinnbild der Weisheit. Horus, der rächende ägyptische Gott, stellte man mit dem Kopf eines Falken dar, dessen bohrenden Blicken nichts entgeht. Seine Mutter Isis, die Gemahlin von Osiris, trägt eine Kopfbedeckung in Form eines Geiers.

Die Beizjagd

Die Kunst der Falkenjagd, auch Beizjagd genannt, ist eine der ältesten Jagdmethoden. Sie stammt aus dem Orient und war ab dem 5. Jahrhundert unter dem europäischen Adel eine sehr beliebte Freizeitbeschäftigung. Für die Beizjagd wird ein Greifvogel darauf dressiert, eine Beute zu fangen und sie anschließend dem Menschen zu überlassen. Der Falkner belohnt das Tier dafür mit Nahrung. Für diese Art der Jagd werden überwiegend Falken, Sperber und die mit den Sperbern verwandten Habichte dressiert. Heute ist die Methode der Beizjagd sehr selten. Sie verschwand nach und nach mit dem Aufkommen der Feuerwaffen.

Die Kappe über den Augen des Falken soll verhindern, dass er während des Transports Angst hat.

Jagdszene: Der Greifvogel fliegt davon und fängt eine Beute. Lithografie von 1880.

Das Wappen Napoleons

Wappen der USA

Das Wappentier

Die Menschen sahen im Adler stets ein Symbol für Eroberung. Er wurde daher zum Wappentier der römischen Legionen und später nahmen ihn die deutschen Kaiser, Napoleon und die russischen Zaren in ihr Wappen auf.

Römischer Legionär

Nicht nur Deutschland und Österreich, auch Länder wie Polen, Spanien, Russland und Mexiko haben heute einen Adler in ihrem Wappen. Ende des 18. Jahrhunderts wählten die USA den Weißkopfseeadler zum nationalen Wappentier, da der Greifvogel für Kraft und Unabhängigkeit steht.

Die Kunst der Falknerei kann man heute noch im Rahmen von Greifvogelschauen bestaunen. Falkner mit Greifvögeln werden zudem zur Vertreibung von unerwünschten Vögeln, wie zum Beispiel Tauben, eingesetzt. Auch auf Flughäfen werden Falkner beschäftigt. Sie halten mit ihren Greifvögeln die Wandervögel fern, die ansonsten in die Flugbahn der Flugzeuge geraten und mit ihnen zusammenprallen würden.

Gefährdete Greifvögel

In den beiden letzten Jahrhunderten wurden die Greifvögel stark bejagt und verfolgt, unter anderem, weil man ihnen böse Eigenschaften nachsagte. In einigen Ländern ist ihr Bestand noch heute bedroht. Die massive Abholzung der Wälder, die Veränderung ihres natürlichen Lebensraumes und auch der Bau zahlreicher neuer Stromleitungen gefährden die Vögel. Daneben ist die Wilderei eine Gefahr für die Greife, da Eier und Jungvögel aus den Nestern geplündert werden. Der Einsatz von Pestiziden führte fast zum Aussterben mehrerer Greifvogelarten und vieler anderer Vögel.

INHALTSVERZEICHNIS

© der deutschsprachigen Ausgabe:
Fleurus Verlag GmbH, Köln 2008
Alle Rechte vorbehalten
© Groupe Fleurus, Paris 2008
Titel der französischen Ausgabe:
Imagerie animale, Les rapaces
ISBN 978-3-89717-546-4
Printed in Italy

10 9 8 7 6 5 4 3 2 1